दुख और स्नेह

WHY WE MET

सुमीत कुमार

सुमीत कुमार

सुमीत कुमार, एक वयस्क जो जीवन के कई चरणों का अनुभव करता है, एक प्रसिद्ध लेखक और नए युग के लेखक हैं। वास्तव में वह एक लेखक होने के साथ-साथ गायक, कवि, शायर, उद्धरण लेखक, गीत लेखक और एक कलाकार भी हैं। एंकर या स्टैंडअप कॉमेडियन। उनके बारे में बहुत ही रोचक और दिलचस्प तथ्य यह है कि वे नए युग के लेखक हैं यानी उन्होंने अपने लेखन की यात्रा उस उम्र में शुरू की जब वह अध्ययन करने के लिए स्कूलों जा रहे थे। उनकी 100 पुस्तकों की स्ट्रीक महान होगी भविष्य में उनके लिए उपलब्धि, उनकी कुछ प्रसिद्ध रचनाएँ यानी प्रेम की परिपक्वता (शैली _प्रेम) स्वप्न की गोपनीयता (शैली-मध्य वर्ग की जीवन शैली)।

आप नोटियन प्रेस, अबे बुक्स, इम्युजिक इन, फ्लिपकार्ट, एमेजॉन, किंडल, इंस्टेंट रीड लाइक ईबुक, किंडल, गूगल, इंटरनेशनल साइट्स और कई अन्य से भी उनकी किताब खरीद सकते हैं।

स्पॉटिफ़ पर पॉडकास्ट: @ ब्रोकन हार्ट

इंस्टा आईडी: बुकहब92

जीमेल: सुमितकुमार 88234

लिंक्डइन: सुमीत कुमार

क्रम-सूची

प्रस्तावना

सफर की शुरुआत तब होती है जब हम खुद के रास्ते भी भूल जाते हैं पर जब हसीन लम्हे करीब हो ना तो उन्हे हस कर जी लो क्या पता कल वो भी अजनबी बन जाए कुछ लोगो की तरह..लोग आज कल इश्लिये एक दसरे से मुकाबिल होते हैं क्योंकि उन्हे खुद भी नहीं पता की वो अपनी जिंदगी में किश सफर में है...और जब वो इन बातों पर गौर करते हैं तो वो ये महसूश करते हैं की असलियत में उनके वजूद की कहानी आखिरी है क्या,जिंदगी किशी की ना तो लंबी और ना ही छोटी होती है, छोटे तो हमारे ख्वाब होते हैं उनको लेकर जिन्हे हम वक्त पे मार देते हैं..

भूमिका

सुमीत कुमार

सुमीत कुमार, एक वयस्क जो जीवन के कई चरणों का अनुभव करता है, एक प्रसिद्ध लेखक और नए युग के लेखक हैं। वास्तव में वह एक लेखक होने के साथ-साथ गायक, कवि, शायर, उद्धरण लेखक, गीत लेखक और एक कलाकार भी हैं। एंकर या स्टैंडअप कॉमेडियन। उनके बारे में बहुत ही रोचक और दिलचस्प तथ्य यह है कि वे नए युग के लेखक हैं यानी उन्होंने अपने लेखन की यात्रा उस उम्र में शुरू की जब वह अध्ययन करने के लिए स्कूलों जा रहे थे। उनकी 100 पुस्तकों की स्ट्रीक महान होगी भविष्य में उनके लिए उपलब्धि, उनकी कुछ प्रसिद्ध रचनाएँ यानी प्रेम की परिपक्वता (शैली _प्रेम) स्वप्न की गोपनीयता (शैली-मध्य वर्ग की जीवन शैली)।

आप नोटियन प्रेस, अबे बुक्स, इम्युजिक इन, फ्लिपकार्ट, एमेजॉन, किंडल, इंस्टेंट रीड लाइक ईबुक, किंडल, गूगल, इंटरनेशनल साइट्स और कई अन्य से भी उनकी किताब खरीद सकते हैं।

स्पॉटिफ़ पर पॉडकास्ट: @ ब्रोकन हार्ट

इंस्टा आईडी: बुकहब92

जीमेल: सुमितकुमार 88234

लिंक्डइन: सुमीत कुमार

पावती (स्वीकृति)

सुमीत कुमार

सुमीत कुमार, एक वयस्क जो जीवन के कई चरणों का अनुभव करता है, एक प्रसिद्ध लेखक और नए युग के लेखक हैं। वास्तव में वह एक लेखक होने के साथ-साथ गायक, कवि, शायर, उद्धरण लेखक, गीत लेखक और एक कलाकार भी हैं। एंकर या स्टैंडअप कॉमेडियन। उनके बारे में बहुत ही रोचक और दिलचस्प तथ्य यह है कि वे नए युग के लेखक हैं यानी उन्होंने अपने लेखन की यात्रा उस उम्र में शुरू की जब वह अध्ययन करने के लिए स्कूलों जा रहे थे। उनकी 100 पुस्तकों की स्ट्रीक महान होगी भविष्य में उनके लिए उपलब्धि, उनकी कुछ प्रसिद्ध रचनाएँ यानी प्रेम की परिपक्वता (शैली _प्रेम) स्वप्न की गोपनीयता (शैली-मध्य वर्ग की जीवन शैली)।

आप नोटियन प्रेस, अबे बुक्स, इम्युजिक इन, फ्लिपकार्ट, एमेजॉन, किंडल, इंस्टेंट रीड लाइक ईबुक, किंडल, गूगल, इंटरनेशनल साइट्स और कई अन्य से भी उनकी किताब खरीद सकते हैं।

स्पॉटिफ़ पर पॉडकास्ट: @ ब्रोकन हार्ट

इंस्टा आईडी: बुकहब92

जीमेलः सुमितकुमार 88234

लिंक्डइन: सुमीत कुमार

1

लिखा हुआ दर्द

आज लिखने की कोशिश तो कर रहा हूं पर मेरे हलात कुछ ठीक नहीं है, मतलाब की बातें कर नहीं सकती क्योंकि वक्त की बात भी उतनी नहीं है, उमर की कोई सीमा नहीं होती है, यहां कोई ऐसा नहीं है। तक जी भी सकता और मर भी सकता है, कहते हैं ईश दुनिया में तीन तरह के लोग होते हैं एक वो जो उस बेवफाई के साथ जी ले जो उन्हे मोहब्बत में मिली है, और दसरे तारफ सयाद बेहद की मैं फिर वो फ़िदरत ही जाने देते हैं, जब मानव जाति ने इस जगत में जन्म लिया था तो ये कोई फ़िदरत थी ही नहीं की मोहब्बत कहते हैं, किन जिश ज़मीन की लिखावत पर हमने हैं ममता कभी भी आपसे डर नहीं जा सकती, और ना ही वो कभी आपको छोड़ कर जा सकती है, लोग एक मोहब्बत न जाने कितने नामो से पुकारते हैं, पर उन सब में अगर एक तो फिर बारबा है कैसी है क्या कभी किशी ने सोचा है, क्यों मिलते हैं वो लोग हमसे, क्या होता है प्यार? है कौन शी मंजिल कौन से रास्ते और किशी तरह की बेवफाई, इंसानियत अगर किशी के सामने हरती है ना तो वो सिरफ खुद के सामने खुद के वजूद सेह हरती है, इश दुनिया में लोग बुरी ज्यादा जलदी दशरी तार से ददार करने की हम कहत करे तो अच्छी यादें तो उनकी सिरफ तबायफ बनती है, अच्छी फिरत न तो कोई सख खुद के अंदर महसूश कर सकता है और ना ही कभी उसे पाने के लिए। यह मंजिल जहां फरोग तो मिल्टी है पर बेवफाई भी ईश कदर आपके जहां में शमील हो जाति है की बरबाद होकर भी हम खुद को अब कहने की बात कर रहा है, मैंने जो भी सहा नहीं तो आप में भी है। कोई और इसे महसूश कर सकता है, जीवन में नकारात्मकता टैब साथ छोड़े ना जब लोग सकारात्मक मिले? अगर लोगे ही नकारात्मक है तो लाइफ पॉजिटिव कैसे हो सकती है, प्यार को अगर विज्ञान से जोड़ कर देखे तो इसकी फिदरत बिलकुल अलग है, ये ना तो कभी आप में मिल पायेंगे और ना ही एक दसरे से कभी मिलेंगे,क्यों इसकी थ्योरी ही आर्टिफिशियल है जो हमने बनायी है, विज्ञान ने नहीं, क्या कभी किशी ने देखा है ये सुना है कि अल्बर्ट आइंस्टीन कल अपनी महबूबा के साथ किशी पार्क में हाथ पकड़े गए वो भी आपने बनाया? नहीं ना? ये इश्क ना तो दर्द की सिफरिश लेकर आपके कदमो में आते हैं, और ना ही महरूम आपकी सियासत

बन जाते हैं, क्योंकि इसे बनाया ही हमने है, ये कोई छोटी बात बिलकु नहीं जो मैं लोग हैं केई तार के धोका खा कर बैठा है, और ये भावनाएं क्या होते हैं? लगाब? और के सारे आइश सब है जो सिर्फ एक मोहब्बत की वजह से हमें मिले, क्या इनका कोई मतलब है? इश दुनिया में अगर किशी की कोई कीमत है तो सिरफ जन्म देने वाली मां की और दसरी उस बाप की जिसे तुम्हें चलना सिखाया है, प्रति मोहब्बत वह भी नहीं होती, क्यों ये तो प्यार है, हम आज की मोहब्बत से कभी तुलना नहीं कर सकते हैं, क्योंकि उनका जो औदा वो सबसे ऊपर है, खुदा से भी, मुझे नहीं पता की अखिर में मानव जाति की शुरुआत कहा से यह तब तक गर्म है, जब मैं ऐसा करता हूं। जब आप के गहरे हैं हमारा साथ छोटी है।

"

महफूज था

में तेरी
आंचल में
मा
सब कुछ थीक
था मा
तेरी ममता
की इनायत में
आज क्या
हलात
है बता नहीं सकता
तुझसे अलग
होकर
क्योंकी तू
मात्र
हर हलात
पढ़ लेटी है
केवल मेरे
बातें
की तनहाई
जानकार।
"

तो तुम की कह यह किशी को नहीं है क्योंकि हर एक साक्षी की रिवायत ये है कि वो खुश रहे, और उनकी तबुसम कायम रहे जो कि दुसरे साक्षी की वजाह से उनसे दूर, हमगरीब से उनसे दूर हो गया नहीं है जीने के लिए, क्योंकि ईश दुनिया उस खुद की इनायत इंसानियत के रूप में पहले से ही शममिल है तो दसरी इन्यता की क्या जरूरी है, खैर मेरे अल्फाज अब तकलीफ दे रहे हैं ना ही इसे और मशहूर कर सकता पर मेरी फ़िदरत उन यादों के सहेरे में कभी भूल नहीं सकता आज वो हर राज बताने वाला हूं जिसकी फ़िदरत ने मुझे टूटने पर मजबूर किया था।

है अपनी पूरी कहानी ईश आधे हिसे में जहीर कर रहा हूं सयाद कुछ लोग समझ न पाए क्यों की इश दरद की राहत हर किशी को एक उससे मैं नसीब नहीं होती, मेरे नाम की पहचान भले ही मेरी मो पूरी पूरी है जो रसिहते निभा ही नहीं पाते हैं वो कैसा क्यों न हो, मैंने के बार ये जहीर किया है मोहब्बत में लोग अपनी रूह तक छोड़ देते हैं तो सारे की कहत तो वही दिन मर जाता है,संसार की बात करने लगते हैं अक्सर वो लोग जिन्की मोहब्बत अधूरी रह जाती है।

मैं ना तो आज नई बातें कर रहा हूं और न ही एन पानो पर अपनी वो खली खैरत लिख रहा हूं जो मेरी यादें बहुत पहले सेह गुमसुदा थी ये अंजान थी, जनता सब है उस बारबाड़ी में फिर बाद में फिर से है कभी मनने के लिए ये लोग हैं अपनी पूरी दुनिया मेंटे वो सिरफ एक ख्वाब है हमारे आशियाने का, पूरी महफिल गवाह है की एक मामुली से इंसान के छोड़ जाने के बाद की वो मेरी हीर थी, और कुछ तो ये भी कहते हैं की वो मेरी जूलियट थी, पर के सच में फ़र्क भाग है इसे, एन बातें से, मुझे तो बिल्कु खबर नहीं की आइशी भी बताता है दिन ये सोच लिए था की यही मेरी हीर भाई? प्रति उसके बाद जब उसके साथ छोटा तब जिंदगी बदल चुकी थी, लम्हे बदल गए, मेरी आदत जिशे में भूल भी नहीं सकती वो भी बदल चुकी थी, आज की महफिल एक दिल से खेल पर अगर वही जाति, मियां ये नहीं जनता की कितने लम्हे मैंने उसके साथ बिटाये थे, में ये भी जनता की क्या वो फिर से मेरे पास लौट कर आएगी, बश उस दुआ में वो शमील तो है पर प्यार कहीं नहीं कहो यही नहीं कहता, आज मैंने तो महसूश कर लिए की मेरी फ़िदरत में मेरे रिश्ते कभी सच्चे नहीं हो सकते हैं, धोके बाज़ भी नहीं कह सकते हैं, क्योंकि उन्हें मैंने चुना था, हमने कभी फिरत को मैंने बताया था। आती, कहना क्या कहते हैं और उनकी लिखावट क्या होती है, राही बात भरोशे की तो सयाद आब वो क्या तू चूका है मेरे अंदर, मैं हर दफा बश खुद को एक दिलसा दे रहा हूं की कश पर एक दिलसा दे रहा हूं की कश हम फिर से एक दसरे की आंखें से अपनी मैं मोहब्बत जहीर कर खातिर, पर क्या ये मुमकिन है, क्या मेरी दुआ कबूल हो सकती है?

प्रति सयाद न हो क्योंकि आब वो खैरत ही अधूरी है मेरे उससे की, हम दोनो की, क्या सच में उसे इज्जत थी की वो मुझे यही कादर छोड़ कर चली जाएगी की मैं उस वक्त खुद को संभल ना पयूं में वहां बनी है, ईश सारेर ना तो आब वो रूह शममिल है जिस में देख कर खुद को हर वक्त कहता था कि मैं लायक हूं तेरे लिए, पहले हम अंजान थे एक दुसरे से हर तब

जब मेरी उनसे में हर वक्त शमील रहे, मेरी आरजो बने, मेरी आदत बने,प्रति जब ऐसी खैरत मुमकिन हुई ना, तो वो फिदरत भी चली गई किशी आइशी मंजिल जिशे आब में देखना नहीं चाहता, सयाद वो गलत होकर आज सही है, और मैं सही होकर भी गलत हूं, कभी होते हैं है, अब तो सयाद उनसे में दोनो हर चूका हूं, क्या कहू? अंदर से जिश दर्द को महसूश कर रहा हूं सयाद हर किशी बता न पायून, क्योंकि इसकी आदत तो मुझे भी नहीं थे पहले, मैं समझ ही नहीं पा रहा हूं कि क्या ये मोहब्बत ये है कि मैं हूं है ना अब उसे याद नहीं करुंगा, कभी उससे मिलूंगा, खुद से हजार वादे करुंगा और उससे दूर रहूंगा, पर क्या सच में रहूंगा, की सिरफ मेरे अल्फाजो की इब्तदा है जो सिरफ कहेगा कर, उसे दुनिया अलग है और तेरी दुनिया अलग, केश भूल जाऊं ये मेरी रूह हर वक्त मुझसे सवाल करती है, क्यों आदत छोड़नी है उसे, उसे मनने की फिरत भी तो शर्मनाक है सेह माने की, अपने उनसे में फिर से ला सकता पर सयाद आब वो लौट कर भी मेरे उनसे में कभी नहीं आएगी, जिशे पूरी जिंदगी मन बैठा पूरी में उशी एक साक्षी ने मेरी पूरी दुनिया मिटा दी, देती अब वो खामोशी की वजह देती है, क्यों जरूरी है वो मेरे लिए हर वक्त पक्का हूं? क्यों जीने के लिए सारी चीज है मेरे पास फिर आयशा क्यूं की मुझे वो एक साक्षी भी छै? फिर तो चल रही है मेरी, जिंदा भी हूं पर आयशा महसूश क्यों नहीं कर रहा में, आज ये पहली बार तो बिल्कु नहीं हुआ है ये जनता हूं में, क्योंकि ईश अकेलेपन की फिर कभी है?

ये तो उस मंजिल को छोडने की बात कर सकता है ये फिर से एक नई जिंदगी की सुरूरत कर सकती है, लिखवत अधूरी, बातें अधूरी है उससे भी अधूरा है, पर क्या मैं सही हूं। जवाब भी नहीं है मेरे पास,ठीक अपनी रूह को कहू भी तो क्या कहू? कौन शी कहत में खुद के उनसे में दून, बरबाद ये पहले भी था जनता था में, आदत इसे पहले थी उस सुख की जो उस एक साक्षी के वजाह सेह मिली थी पर अब अपनी नादत है जनता, पर ये पूरी दुनिया मेरे लायक नहीं है, ये सयाद में उनके लायक नहीं हूं, ठीक है ना जी लेंगे उसके बिना भी और खुद के साथ भी, अगर मेरी किस्मत में क्या वह इनायत की खैरत है को कहने का, भूल जाना है हर एक साक्षी को इससे तकलीफ की सुरूरत हुई है, पर क्या ये मुमकिन है, किश खाने को भूलों में जो मैंने खुद बनाया है, वक्त की तनहाई को भी एक बार में एक है हूं, प्रति और सेह वो कहता है, खुद से लदना चाहता हूं और आगे बढ़ना चाहता हूं, प्रति भूल चुका हूं खुद को, कौन शी मंजिल काशी खुशी हर एक अब चीज में कुछ भी मैं हूं है, सयाद आब में किशी के लायक नहीं ये बातें मेरी रूह को भी पता है, पे आर क्या सच में किंकी एक इंसान के वजाह से न तो जिंदगी बदलती है और न ही आपके सपने तो फिर मेरी जिंदगी में आइशी कौन शि लिखत उस खुदा ने शम्मिल की थी में ऐसा कर पाया भी?

तुझे कहो

कर

भी

जांघ

सीएएचचओ
नहीं मिलेगा
दिल
की फ़िदरत
KO
और समझौता
ना
भुगतान
तू बेहदी
ख़ुबसूरत है
मेरी जान
इश्लीये
तेरी नज़रों
सेह हमी
एपीएनआई
नज़र मिला
ना भुगतान।

• 5 •

2

अजनबी

पहले सुना था की लोग अपनी मोहब्बत पाने के लिए खुद को भी कुर्बान कर देते हैं, प्रति आज अपनी आंखें सेह वो सच मैंने देखा भी है और बयान भी तो कभी कहता है, अगर रिश्ता ज्यादा जलद एक पाला ना तो मोहब्बत होती है और न ही किशी के रसीहते बनते हैं, अगर वो गलत से बन भी गए तो चीन में बने ही हो सकते हैं, हर किशी की किस्मत उसकी पहली मोहब्बत लिखती है मैं भी कभी नहीं अगर वो सख्स रिश्ते निभाने के लिए बने ही न हो तो, क्या ऐसी भी कोई हकीकत हो सकती है, मेरे ख्याल से तो हा आइशी फिदरत होती है, अगर किसी बते हैं तो ही मिले तब झेला वो भी मत जहीर करो, क्योंकि तुम्हारी रूह उसे वक्त तुमसे नाराज हो जाएंगे, मेरे उससे में मैंने उस एक साक्षी अपने अत्त और भविष्य के बारे में सब कुछ बताया, कुछ दिया है और वो आप बेहद करता है की आपकी फैमिली आप से उतना कोई ना करे तो किशे चुंगे ?

के लोग उस वक्त अपनी परिवार को ही चुनेंगे मुझे पता है, प्रति लड़के का क्या? जो उस एक साक्षी ही अपनी पूरी फैमिली मानता हो? उसी इतनी मोहब्बत दी है की उसे कोई फिरोगे है ही नहीं मेरे पास, कह कर भी क्या जहीर उसके बारे में, न ही बेवफा कह सकता है, उसे और ना ही मेरी मोहब्बत क्योंकि वो एन दोनो के, कहीं नहीं है मैं अक्सर अपनी मंजिल भूल जाते हैं, पर जो नहीं भूल पाए वो मेहंदी करते हैं उसे पाने के लिए, ये बात बिलकुल गलत मेहंदी नाम की चीज होती है पर मोहब्बत के लिए बिलकुल नहीं, वर्ण आज क्युंकी उनकी दौलत उनकी पहली मोहब्बत बन चुकी है, खैर में उस बात से फिर से दोहराना नहीं कहता, हा ठीक है न अगर आब वो मेरे साथ नहीं है, प्रति जिन किसके दौलत उसे दे वो उसे है ये वो वक्त उसे दे पाएंगे, जिश तार में उसे महफूज रखता था क्या किशी और की बाहों उशी तारः महफूज रख पाएगा?

"

वक्त गबाह
है मेरी

जान
की मेरी
फ़िदरत
और मेरी
मुहब्बत

तेरे लिए
कितनी सच्ची थी..........''

" "

    5 सितंबर, जब में उससे पहली बार मिला था, वैसा ही उसे पहले भी केई बार देखा मैंने पर उस दिन की खैरत ही कुछ अलग थी, क्यूं कोविड की सीजन चल रहा था इशली वो तो जब आपको भी आती मेरे कहने का मतलब अपने मास्क, हम पहली बार अपने कोचिंग सेंटर में मिले थे, और कैसे मिले वो तो आप सब जानते ही हो? अगर नहीं पता तो बता दूं की उस दिन शिक्षक दिवस की पार्टी चल रही थी, इशलिये हम दोनो उस वक्त पहली बार ही मिले क्योंकि में सीनियर था और वो मेर जूनियर, में ये नहीं जनता की मेरे दिल की उस फिरत दे मैं वक्त बदल क्यूं रही थी, प्रति सयाद आने में ही सही मैंने अपनी पूरी दौलत उस जो की मोहब्बत की थी, सयाद यही कहता की उसपर लुटा दूं, शर्मी वक्त कहता तो उसे सीधा कह रहा था। गई क्यों हुई ये नहीं पता बैश तुमसे प्यार है? प्रति एक आइशी खैरता भी थी जहां में जिसे में भूल नहीं पा रहा था, क्योंकि ये पहली बार तो नहीं था में जनता था, फिर भी उसके सामने मेरे अल्फाज क्यों नहीं निकल रहा था महसूस कर रहा था, क्यों नर्वस था सामने जिस तरह से बार देख कर ही मैंने अपने दिल के दिल की धड़कन को कुछ ज्यादा ही तेज कर लिया था, क्या ये बात सही है अक्सर लोग भुगतान में केई पागलपां करते हैं, पमाल कहते हैं किया है, और आज उस पागल पान के सारे परिणाम मेरे सामने जो मैंने माने को तय कर लिया है, दिल तो कह रहा है कि वो अब भी तेरे पास है पर दिमाग की बात कुछ और ही है क्या है? संजा बिलकुल नहीं आ रहा? क्या कहू पर इतना गुस्सा आ रहा था सर पर की में वह से चुप चाप चला गया, और कर भी सकता था, अगर कुछ करता तो वो मुझे उल्टा लता देता है, मजा कर रहा हूं, बौश ऊपर दिन के लिए प्रति छोड़ दी थी, की अगर मिले तो ठीक है और अगर ना मिले तो जैसी जिंदगी चल रही थी उसके आने से पहले उसी तार से अपनी गाड़ी आगे बढ़ेगी वो भी दो पाहियो की।

पर मैंने कभी नहीं सोचा था की मेरी मोहब्बत उसे महफिल में इतनी जल्दी कबूल की जाएगी, प्रति सयाद कबोल होने की फिरा ताल दी जाति तोह सयाद में आज इतना महरूम नहीं होता तो उसे याद किया, क्योंकि उसे जब मैंने सोचा ही नहीं और बश हा बोल दिया, में जनता था

की ये मोहब्बत तो नहीं है, प्रति सयाद तु सोच उस वक्त उसके साथ आगे बढ़ा गया की सैयद मेरी किस्मत अच्छी हो, इशिलये मेरी मेहंदी रंग लेई है,

र उश दिन दो बातें समझ आई और आज भी उन्ही दो बातें खैरत मुझे परशान कर रही है, पहली बात ये की प्यार को एडजस्ट कर के रखोगे तो वो सीमा से उससे वक्त बाहर, तब आगे चल जाएगा जाने की फ़िदरत करेगा, मेरा कहने का साफ मतलब यही है की इसकी जात नहीं होती और जो इसे पा लो उसे कोई औकद नहीं होती।

उसके आगे दिन ही उसने मुझे संदेश किया और बोला की क्या हम मिल सकते हैं, कहा ये बातें मैंने कही थी पर उसे भी उस वक्त हा ही कहा था, जब हम दुसरी बार मिले मतलाब उसके आगे, दिन तो वो सरल भारतीय पोशाक में मतलब बिलकुल आस्तिक, सच कहु तो उसे वक्त देखता में फ्लैट हो गया था, और ये सोच लिया था की ये मेरी भावी पत्नी है, पर वो कहते हैं सोच सिरफ ख्वाब की माशूका है हकीकत की नहीं।

एन सब के बाद तो में और उसे गया जब उसने सब के सामने मेरे हाथ को थामा, मतलब क्या कहू इतना नर्वस हो गया था की मेरे हाथ भी उस वक्त काम नहीं कर रहे थे, फिर जब उसे पूरा किया देखा तो थोड़ा दारी फिर उसे हाथ छोड़ दिया।

उसके बाद हम दोनो भागबान की आस्था में मशहूर होने के लिए मंदिर गए, उसके बाद कहीं अकेले बैठक हम दोनो कफी बातें की फिर मैंने अपने आने के बारे में उसे बताया, वह सुन बबूक वो मैं था तुम मेरे साथ रहना जब में नौकरी करूंगी।

ये तो मेरी बरबादी मैशूर हो गई वो भी मेरी खुद की महफिल में, वो भी कुछ इस तरह की मेरी तन्नाहिये भी अब मुझे अपनी ही लगी है, उस दिन मेरे आंखें में सच में, मेरे ऊपर वाले हैं रहा था की और ये भी कह रहा था की, है! बागबन अपने तो मेरी किस्मत ही बदल दी, और अब जब उन बातों को पढ़ता हूं, तो खुद को महफूज नहीं रखा पाता उसे, वास्तव में सही हैं दिख रहे पर मेरे साथ अब वो नहीं है, ठक चूका हूं में, अब किशी आइश सफर पर जाना चाहता जहां न तो उसे याद करें न वो सेहर हो, और न ही वो गालियां हो।

की ये इश्क

भी

इक

तबायफ

हाई

आज इस्की

बाहों

में तोह

काल किशी

और की।
	क्या हाली
हाई
USKI
मुहब्बत
में मुझसे:
मैट
पुचो
दे घुमा के
जिंदा
हुन
यही
कफी है।

3

उसकी पसंद से हैरान

पता है जिंदगी में कुछ ऐश भी रास्ते होते हैं जिन्की कोई मंजिल नहीं होती वो सिरफ दिखवे के लिए अपनी फिरत को हमी महफिल में लेन की कोशिश करते हैं, और इसकी सिरफ एक ही फन्ना है तो बहुत ही सही है जाति है, रिश्ते जब निभा नहीं सकते तो बनते क्यों हो? मैं दुनिया की नजरों में आप सब को ये देखते हो की हम किशी रोमियो, जूलियट से कम नहीं, और न हीर रांझा से, हम भी मोहब्बत है एक दसरे के लिए, हम भी एक दुसरे जाने के लिए जिन्के भी ये विचार है वो कभी मार्ग की बात करेंगे ही नहीं, प्यार वो चीज जो लोगो का जीना सिखते है, उसे साएं चले ये ना चले फिर भी वो उस वक्त ऑक्सीजन प्रदान करता है, और कुछ बताता हूं तो आज कुछ बताता है क्या अगर पहले मोहब्बत थी तो आब नफ़रत काशी, मेरे ख्याल का मतलब जिश एक साक्षी के बिना तुम कभी जीने की फ़िदरत को निभा नहीं सकते आज उसकेबिना ही महफ़िल में अपनी ख़ुशियों में क्यों? क्या हक है तुम्हें किशी को बरबाद कर के खुद की महफिल में अपनी खुशी की वजह धुंडने की? अजिब है ये लोग भी? और उनकी मोहब्बत तो लजमी बेहद नाजयग है जो आज कल किशी एक बाहोने में रुकी ही नहीं है, जब वो मुझे छोड़ कर गई तो उसे सिरफ मुझे इतना कहा, मैं इश रिश्तों को और नहीं जानता।

पर क्या सच में ये हकीकत है कि किशी एक साक्षी के जाने की वजह हम अपनी पूरी दुनिया भूल जाते हैं, अपनी खुशियां, अपनी कहत, अपनी फिदरत और खुद की तबूसम भी।

"

बड़ी जालिम
है
उसकि मोहब्बत
मेरी जान
जो पास तोह
हर वक्त रेहती

सुमीत कुमार

है

प्रति हमसफ़र

बनने की

कोई

रिवायत

नहीं है उसकी.......

„

है, अगर दुनिया में हर एक जुर्म की साजा है, तो मोहब्बत की क्यों नहीं है, क्यों वो लोग इतनी आशनी से हम भूल कर, अपनी याद हमारे पास छोडकर चले जाते हैं और कहते हैं कि तुम उस वक्त उनकी मोहब्बत हमारे बारे में मैं नहीं सोचती, उनकी सहानुभूति होती है, जिशे हम प्यारा समझौता कर और भी उनके करीब जाने की कोशिश करते हैं, मैं भी वह किया था बिलकुल इशी तराह, कहीं अभी भी कहीं है ईश वक्त की इज्जत भी इशली उस सफर की राह देख कर उसके बारे में जाने की कोशी करता है।

उस दिन के बाद,जब उसे ये बातें कहीं की तुम चिंता मत करो में तुम्हारे साथ हमस रहूंगी, एक पल के लिए में सब कुछ भूल चुका था, अपनी फारोघ, अपनी बात हर एक चीज ये कुछ कुछ खास पढ़ा केई बार कॉल भी आते थे, फिर भी मैं उन्हे बिलकु नहीं उठता था क्योंकि वो चौबीस घंटे नहीं थे मेरे लिए, वो लाइफलाइन बन चुके थे उस वक्त मेरे लिए, जब भी सुबाह की पर किर में हम सभी थे समय बातें करना बश ये पेशा बन चुका था मेरा, मैं मानता हूं सब करता है, पर जो फिरत मैंने उसी दी थी स्याद हर किशी ने नहीं दी होगी, अगर हो तो उसे अच्छा ये मैंने पहले भी कहा है,

हर वक्त बिजी रहने के बाद भी हमारे कॉल हमशा उठा था, वो इशलिये नहीं की मुझे उससे मोहब्बत थी, वो इशली की कहीं वो मुझे छोड़ कर चली गई, क्योंकि ये हकीकत मेरे कभी कभी साथ है खरीद नहीं शक्ति, क्योंकि वो भले ही आपके पास दो पल आपकी दौलत देख कर रह जाए पर जिंदगी भर के लिए ये ना मुमकिन है, किशी की जिस्म की लट्ट होती है, तो कि कहीं को भी जानते हैं, उसी किश चीज की बात थी मुझसे, सुरु के दो अच्छे अच्छे बीते, हम के बार एक दसरे मिल भी लेटे और दिन रात बातें भी होती थी, यू8 के बाद तीन महान हो गए दूर और हमारे लिए लिए बढ़ गई, क्योंकि जिश चीज के लिए में अपने अतीत में कॉफी तरसा था। उसकी तालाब की थी उसे मुझे वो सारी चीज दी, प्यार, देख भाल, जिशे लोग केयर भी बने हैं, और वक्त भी के लिए कफी अहम है, अब हाल आयशा हो चुका था की मैं दी भर यू जैसे के बारे में सोचा उशी की बातें करता था, और बातें में तो के बार में उसे याद भी करता था, अपने दोस्त से हर वक्त ये बातें कहता था कि वो दुसरे की तरह है तो बहुत ज्यादा परिपक्व हो गया उसे लेकर, अपने भविष्य के बारे में सोचने लगा था, सच कहु तो हमारे भविष्य के

बारे में सोचने लगा था,मैं इतना गंभीर हो गया था उसके लिए के उसके ख्वाब पूरे करने के लिए मैंने वो जमीन भी खो दी जिशे परचा में खुद को महफूज महसूस करता था में, और ऐसी हलत हो गई थी मेरी भी की की, स्ट्रीट प्रति लाडा, अपना सेह, अदा, खुद से लाडा, अपनी रूह से लाडा, और बहुत में जब उसे लाडा तो हर गया, वैसा में इतनी बातें तो बोल रहा हूं पर असली सच क्या है?

यह हकीकत तो सामने लाना चाहता हूं, प्रति एक फ़िदरत है जो आप सब को कहना चाहता है कि उसे गलत समझने की बात मार दो अगर इसे आपके लिए बाद में कोई रिवायत सामने भी आया तो क्या तुम्हारी खुशी से शक्ति है तुम्हारी मजबूरियां नहीं, और ये बातें मुझे तब पता चली जब में उससे अलग हो चुका था, माफ करना अलग कर दिया गया था।

लगभाग आठ महिने के बाद वो भी कहीं लम्हे साथ काटने के बाद, एक दसरे से अपनी अतीत की यादें के बाद, हमारे बीच अक्फी लदैयां होने लगी मतलाब उसकी वजाह हम दोनो सही को पर में कुछ ज्यादा ही सुरक्षित हो गया था, इशलिये उसके हलत समाज नहीं पाया की वो मुझसे ज्यादा बाती क्या है, तो ये सुरूरत तब हुई जब उसके कॉल्स, मैसेज आने बंद हो गए, जिसि आदत में कुछ कुछ पल ने ये समझौता लिया था की आब वो मेरे साथ नहीं है, न उसे समझने के कोशिश की और न मैंने समाधान की, पहले एक दिन बात नहीं हुई फिर दो दिन फिर एक सप्ताह जो सही नहीं है में समझ चुका था वो क्या है पर कभी जहीर करने की हिम्मत ही नहीं हुई, उसने कहा था की तुम भी मेरी फैमिली हो, मैं अपनी फैमिली को छोड सकती हूं पर तुम्हे नहीं, में हर वक्त उससे कहता था की अग तुम्हारी फैमिली ने मुझे स्वीकार नहीं किया तोह? उस वक्त सिरफ उसकी तबुसाम दिखी मुझे जब वो बड़े प्यार से ये कहते हैं कि शादी मुझे करनी की उने? में तुम्हें अपनी स्कूटी पर भाग कर ले जाऊंगी। में ये अच्छी तरह से लिख भी नहीं पा रहा हूं, क्योंकि जब वो हादसे जो मेरी हसीन यादियों में कहीं थे अब भी वो मेहफूज ने एन आठ महिनो में किम मेरे अल्फाज़ भी मुझे अब तकलीफ दे रहे हैं, हिम्मत ही नहीं हो रही की उस लहमे को याद करू जब हम ये रांझा अपनी हीर से अलग हो चुका था।

जब केई साफो तक उसने मुझे कॉल नहीं किया तो मैंने बहुत में संदेश किया और पुचा की कोई बात है क्या? तुम ना तो मुझे संदेश कर रहा हो और ना ही कोई कॉल, मैंने कोई गलती की है क्या? अगर की है तो कृपा मुझे माफ़ कर दो,मेरी कोई कहत नहीं है तुम्हें तकलीफ देने की वो तो तुमसे बातें नहीं हो रही इशलीए अजीब महसूस कर रहा हूं, एक अजीब शि खामोशी महसूस हो रही है जिशे में सम्भल नहीं। समझ नहीं आ रहा कोई वजाह है दो बता दो ?
वही वक्त उसे मुझसे बश ये बातें कहीं की कोई बात नहीं है, मैं थोड़ा व्यस्त हूं, मुझे बहुत काम है, क्यों मेरे घर में शादी है, चलो भी तुमसे बाद में हूं, बात करती हूं बाश खामोश रहा? क्यों में उस वक्त ये बातें समझ चुका था की आब ये टूटने वाला है, मतलब रिश्ते की जो बनियाद थी अब टूटने वाली है, वो मुझसे अलग होने की बात कर चुकी है, वोई बश एक सही

वक्त धुंड रही है मुझे छोडने के लिए और खुशनसीब है वो की मेर इस्मत ने वो वजाह भी दे दी उशे।

"

बातचीत......

मैं: तुम मुझसे बातें क्यों नहीं कर रही हो, अगर कोई समस्या है तो बतायो ना, मैं उसे ठीक करने की कोशिह करना, इतने दिनों तक हमारी बात तक नहीं हुई है, अच्छा वो छोड़े, खाना खाया, कैसे हो बोलो भी बुद्धू।

शिखा : ....

मैं: अच्छा छोटकू क्या कर रहे हो बुग्गू, सॉरी ना यार माफ करना में थोड़ा बिमार था इशलिये मैंने तुमसे कई दिनो तक बातें नहीं की, माफ कर दो प्लीज।

उश वक्त में उसकी खामोशी जनता था, और ये भी जनता था की अब वो मेरी बाहों से बहुत दूर जा चुकी है, उसके मेरे सब अब पहले जैसे नहीं लग रहे थे, उस का डर बना पूरी तरह से खतम हो चुकी है, अब वो मेरे करीब होकर भी मुझसे बहुत दूर जा चुकी है, उस वक्त में कफी डर भी चूका था, की कहीं ये वो कहरट ना कह दे ना जिसे मैंने पाया है ये कह दे जिसके लिए में तय नहीं हूं, ऊपरवाले से उस वक्त इतना मांगा रहा था कि काश आज वो दिन ना हो, भागबन जी आज इश रसिहते को टूटे मत दो क्योंकि इतने में ऐसे लिए वो मुझसे दूर चली गई तो, फिर भी मेरी किस्मत बदल सकती थी पर उसकी चाहत तो वही रहती न जो पहले भी थी, उसे तो मुझे पहले दिन ही छोड दिया था जब मैंने अपनी मजबूरियां वो बताई थीं बहुत बड़तामेज़ था, हर वक्त बश सब से लदने की कोशिश करता था, प्रति उश साक्षी से एक समाधान है क्या उन लोगो का कसूर नहीं जिस्की वजाह सब कुछ खो दिया, क्या को वजाह नहीं है? की में जो पहले आज होकर भी पहले जैशा बन नहीं सकता, और अगर मेरे हलत ऐश है तो इसे पीछे कौन है क्या वो नहीं है? अगर में बरबाद हूं तो मेरी बरबादी की वजह कौन है, क्योंकि महफी में बरबाद तबी आंखें के सामने आती हैं जब कोई अपने ही हमारी कबर में सजने की बात करता है, में जो भी था मैंने वो सब बताया था, अपनी मजबूरियां, मेरी फ़िदरत, मेरे गुसे की वजह, हर वो चीज़ फिर भी उसे मुझसे इतना कहा की अलविदा! खैर पूरी बातें की खैरत तो सुन लो और जो अधूरी दास्तान है उसकी महज बात तो सुन लो, मानता हूं अब कहानी खतम होने वाली है पर उससे पहले उसके जज्बात तो सेह लूं।

शिखा : में ईश रिश्ते रिश्ते को छोड़ रही हूं
मैं : छोड़ो क्या ? यह रिश्ते ?
शिखा: हाँ यह रिश्ता।
मुझे : ....
शिखा : ओके बाय।
"

इन सब के बाद क्या कहता है में की मन जायो, मुझसे दूर मत जाओ, मैं तुम्हारे बिना जी नहीं सकता, मर जाऊंगा, मार्ने की कोशिश की थी, प्रति किस्मत ने मंजोर नहीं किया, मेरी कभी कभी उसे बोलूंगा है सेहना, और के धोके बक्की है जो तुझे अपनी आंखें सेह देखने है, मैंने भी जल्दबाजी हुई कह की आपकी जो मर्जी जापान, आप जितनी जरूरत है देना चाहते हो, क्योंकि मेरे पास से कुछ हैं उसने अपने ही सक्पा है तो में लौट आए हैं, मैं वो हर लम्हे मिटाना चाहता हूं जाने से पहले जो मुझे उससे जोड़ कर रखता है, वो हर याद, वो बातें और वो लम्हे अभी भी, पर कौन हैं एक कहता हूं की अगर वो मेरी कहीं पढ़ रही होगी तो, तुम्हें अपनी महफिल मुबारक हो और हम अपनी बरबादी भी, उनसे में मेरी खुशियां तो खतम हो गई तुम्हारे जाने सेह तो पहले भी जाने.....

"

की अजीब
खैरात मिली है मुझे
मुहब्बत
में
जहां एक और
उसकी बारात
निकली है
तो
दुसरी
और मेरे
कबर
कि
तारीक
तय
की गई है।"

खेद

उसके जाने के बाद कुछ ख्वाब थे जो अधूरे रह गए कुछ बातें थीं जो अधूरी रह गई पर इतना जरूर कह सकता हुन कि मेरी जिंदगी उसके बिना अधूरी नहीं है,मेरे ख्वाब में खुद भी पूरे कर सकता है उसकी हर एक लिखवत अब अपने हाथ से मुक्कमल कर सकता हूं,जी सकता हूं य उसके बिना भी ,शायद उसके बिना अधूरी थी,लेकिन अब मैं बस यही सोचता हूं कि मेरे जीवन में उसकी मौजूदगी के बिना सब कुछ पूरा है,वास्तव में हम किशोरावस्था में प्यार के लिए भावुक मूर्ख हैं ,

क्योंकि हम कभी नहीं जानते कि हर प्रेम कहानी के पीछे निष्कर्ष की एक ही दुनिया है,और वह एक विनाश था........

ISBN 979-8888691182

Songs & Poems from a YIELDED HEART

Judith Vander Wege